JN438105

시간의 채널

강영덕 시집

을지출판공사

❙ 시인의 말 ❙

아직도 서걱거리며
풀잎 같은 기쁨과 슬픔조차
온전히 잉태하지 못한 채
인고의 현실 속에서
오랜 기간 동안 위로가 되고 위안 삼으며
품고 있었던 자화상들
내일을 향한 자양분으로 삼고자
새로운 성숙된 행보를 향하여
아직도 미숙아지만
희망을 품고 세상 앞으로 용기를 내었습니다.
또한 그동안 『세계시문학』지에 16년간 발표한
한영 대역 시도 함께 묶었습니다.

애정 담은 격려와 배려 속에
문학의 길을 있게 해 주신 모든 분들께
진심으로 감사를 드립니다.

2017년 가을

강 영 덕

Contents

차례

Contents

제 2 부 두레박

Contents

제 3 부 바람의 무게

■ 한영 대역 시

제 4 부 세월 Time

Contents

제 1 부

터미널 비둘기

언제 보아도
표정에 나타나지 않는 씩씩한 용기
네, 단아한 표정 관리를
닮고 싶구나

시간의 채널

오늘도!
시계 바퀴는
돌아가고 있다
결코
순간의 멈춤도
내어 줄 수 없다는 듯이

소용돌이로 몰고 온 파문은
가슴 한 자리에 추로 박히고
빼지도 못하고
뺄 수도 없는
영겁의 시간으로 축내고 있을 뿐

그래도! 돌아가야지
찰나의 어긋난 출발도
돌다 보면
복사된 시간의 채널 속에서
제자리를 찾아가리라

삶의 향기

계절을 사다가
손끝으로 가다듬어
마음의 향기를
식탁에 차리네

남편 먼저 시간을 먹고
아이들도 부시시
마음을 핥아 먹고 가면
빈 공기와 수저들이
안쓰러운 얼굴로
격려하며 맞이하네

가슴들이 출렁이는
바깥나들이에
편안함을 주려고
계절의 마음을
정성으로 담으려
북적이는 장터로
나를 삼키려 달려가네

어머니

어머니!
당신은
나이테 없는 나무십니다

풍설 속
가시밭 헤치며
아들 딸들
진정한
한 송이 탐스런 꽃
만들기 위해
노을 진 세월을
시간 속에 가두었습니다

온갖 태풍과 한설로
얼음집에 가두어 둔
한(恨) 보따리
이제

나이테 없는 고목 되어
한껏
푸른 바다에 쏟아 붓습니다

터미널 비둘기 2
—어미

땀방울로 일군 어미의 일 년 농사
명절 때 선물 받은 때깔 옷단장하고
전국에서 보따리 보따리
터미널로 모여 든다

맞벌이 막내아들네
김장조차 못 해 먹을까
낮은 포복되는 키 아랑곳없이
노심초사 머리 위에 이고 인
손수 일군 팥, 콩, 깨, 마늘, 고춧가루……
빠질세라 싸고 싼 까칠해진 손바닥은
헤벌어진 보자기 속만 보아도
자식의 얼굴, 보름달로 보일 뿐

골 패인 이마의 주름은
날 가고, 달 가는 세상 구경조차
자식의 배 속 따뜻하기만을 그린다

터미널 비둘기 3

죽었다
더 먹으려고 발버둥 친 것도 아닌데
목숨 줄 다해서인지
어둠 깔리는 헤드라인 불빛 속에서
날갯짓을 결국 접어야만 했다

언젠가 누구나가 맞아야 할 일이건만
늘 생소한 관념의 일로
뜻밖의 일인 것처럼
새삼스러운 숙연함이라 일컫는다
그리고 아무 일 없다는 듯
나의 일을
해야만 하는 것이다

터미널 비둘기 4

언제 보아도
표정에 나타나지 않는 씩씩한 용기
네, 단아한 표정 관리를
닮고 싶구나

가슴 깊이 골 패인 일렁이는 세상
능력 앞에
나이도 학벌도 명예도 돈도
뒷줄에 서서
훈도를 겪는다

터미널 비둘기 5

―부모 마음

영업 실적의 양양으로 온몸에
콩 볶듯 달구어 낸 하루의 피로
저 먼 미국, 영국, 프랑스 객지에서
성공이라는 미래를 설계하는
자식들 뒷바라지하는 희망의 미소로
술기운이 채 가시지 않은
김 부장님의 양복과 구두는
비틀거리는 발걸음으로
오늘도 터벅터벅 모이 찾아
출근을 재촉하며 하루를 연다

터미널 비둘기 6
―김치

뱁새 황새 가릴 것 없이
뱃속부터 귀소본능적 미식인
식탁 위의 하모니

만 원을 훌쩍 넘긴 한 포기 배추 값
고공 행진 가격 파동은
찬란히 서민들의 분노를
목숨으로 우르적시게 하는구나

한줄기 물기조차 없는 메말라진 화초로
수액을 빨아 당길 힘조차 버거운 몸짓도
가쁜 숨을 몰아쉬는 바닥난 통장의 고갯짓에
샐러리맨 비둘기는 하늘로 올라가는 물가
떨어지기 기다리다 초췌히 말라가고 있다

무녀도

거부하고자 몸부림쳤던
내 안의 또 다른 나
눈물로 등을 돌려 보지만
끝내 그림자처럼 뗄 수 없어
마음 비우고 받아들인
무녀라는 길

걷고 또 걷고 내 음(陰)의 기운은
타인을 위한 험한 양(陽)의 인생
어찌 외로운 두 개의 조화는
떨어지지 않고 짙게 뿌리나
갈 길 잃은 나그네
마음 비우고 받아들인
무녀라는 길

때를 기다리며
—권위, 권력 2

이른 아침부터의 체감 더위는
숨통을 턱턱 치받는다
한낮은 아직 멀었는데

언제부터인가
열대성 더위라는 간판을 내걸고
부채에서 선풍기로
선풍기에서 에어컨으로
그것도 부족하여
지칠 줄 모르게 한밤으로 이어지는
광란의 폭염은
누진세로 얼룩진 포목(布木)의 집을
망명객들로 만들어
한강둔치를 이색적인 휴양지로
제2의 보금자리로 채워 가고 있다

수그러질 거라는 기대치는
말복을 꼬박 다 채우고야
서서히
초목들의 무성함에
때를 맞추듯
찬바람을 부르며 양보하고 있다

예전엔 나에게도

예전엔 나에게도
꿈이란 게 있었지
아지랑이, 나비가
차이코프스키의 백조의 호수를
사뿐사뿐 추었듯이

예전에 나에게도
꿈이란 게 있었지
푸르른 하늘을 머금고
이슬로 온몸을 두른

예전엔 나에게도
있었던가 꿈이
수놓은 먹구름과
시위대 된 가장 행렬로
한 민족 구타하고
데모하는 물고기 떼
소시민 어부를 먹어 대듯이

예전엔 나에게도
꿈이란 게 있었지
결코
무지개는 색을 발하지 않는다고

일겁(一劫)의 휴식

다시
꽃잎이 떨어지기 전이라면
사랑을 인욕의 화폭에 담아
심지(心志) 주머니에 미련을 흘리지 않고
후회를 떨구지 않으렵니다

퍼붓는 비가 아무리 세차도
내 회한의 눈물을 마르게 할 수 없습니다

고요히 산야를 감싸 안은
영현들의 엄숙함 앞에
한마디 말도 할 수 없이
숙연해지는 몸짓이 버거워
진솔히 살아가겠노라는 다짐을
현실의 벽 앞에서
무너지지 않겠다고
되새겨 봅니다

너무도 세찬 인연의 동아줄
결속의 끈은 꼬였다 풀었다
숱한 헛밥만 축내었고
쉽사리 떨쳐지지 않던 한평생
자연으로 돌아간 영현은
고이 잠들게 되었습니다

병영 기행

색다른 생활의 터전이 되어 버린
청운의 시 공간이
하늘까지 치고 올라갈 듯
푸름의 열기로 가득 채워진다

가정 학교 사회 속에서
배우며 익혀 온 일상적인 생활이
남자라는 이유로 생긴 고유의 영역은
보람과 긍지와 사명을 키우는
무한한 가치를 키워 내면서
자유와 방종을 큰 그릇으로 다듬어 가고 있다

멋진 나이테로 굵어 갈 기둥으로
강훈련 속의 단련은
먼 훗날 귀한 추억으로 향수될
대하를 보듬으며 거듭 태어나고 있다

제 2 부

두레박

쉴 새 없이
건지고
퍼 올려도
늘 비어 있는 두레박

두레박
–가장

희끗희끗한 머리카락 속으로
두레박 건져 올리는 눈동자
하루의 그늘이
그득하다

가슴 밑바닥에 묻는
숱한 무허가 건물
시간을 분해해 가며
지었다 부수었다
공허한 세상
술 한잔에 비운다

쉴 새 없이
건지고
퍼 올려도
늘 비어 있는 두레박

남편

한 점 구름 없는 맑은 하늘처럼
우리를 위한 서곡이 울린다
그러나, 그 서곡은
다른 장르를 만나
불협화음의 파고를 몰고 왔고
잔잔히 회오리를 대비케 하며
시간을 좀먹고
주름을 잡아 가며
나를 집어삼켜 가 버린다

전부일 줄 알았는데
일부의 한 실체일 뿐인 모습
점점 의미는 상실 속에 묻혀 간다

고부 속에
시누들 속에
앙상히 벗겨져 올려진
당신의 자존심은

도마 위 생선 되어
나를 한없이 한없이
허망하게 쪼들리고
아프게 흔적 되어
퇴색치도 않는 시간을
정지해 만들어 간다

참는 것만이 미덕인가
보지 않고 말하지 않음만이 미덕인가
그것은 석고 속의 진주로
썩어 갈 뿐인 것을

서로의 인식을 전달하기 위해
그래, 내가 먼저 시도를 해야지
변화란 분위기를 노 저으며
당신의 품에
한없는 희열이 오르도록
외마디 외침이 비록 작더라도
비어 있지도 않으면서
비어 있는 듯 했던 나의 자리를

흥건히 채우도록
내가 먼저 열린 마음이 되리라

되돌아올 아픔을
미리 생각지 않으리
상처를 받지 않기 위해
주지 않았던
나를 버리리라

그것이 당신이 당당한
실체가 될 수 있는
유일한 길이라면
돌아도 안 가고
그저 색깔 없이
다가서서 말할 뿐
나는 나라고……

―1994년 주부 백일장 입상작품

순두부

술에 취하고
세상에 취해
비틀거리는 오장 육부들
편하게 정리해 주는 그놈
그러나, 만만히 보지 마라
감사를 모르고 그놈 보기를
계속 가볍게 본다면
짭짤한 간수 대신
설탕이나 식초로
간하리라

초평에 흠뻑 젖어서

하늘이 취하야 초평에
발을 내렸다

붓 들어 여백 치니
용천(龍泉)의 좌상(坐像)이
좌청룡 우백호 형상(形象)으로
발걸음을 열어 놓고
마음을 풀어 놓고

하늘이 취하야 두타에
손을 내렸다

형형색색의 계절을 입혀
산등성이마다 소리를 모아
두런두런 땅 위에 이야기
향기 나는 숨결로
넉넉함을 채워 가네

난고의 풍류

무릉도원이 낙화하였는가
방방곡곡 하늘 이고 숨죽이며
풍류 한잔에 마음을 비워
기나긴 시간을 한으로 풀어 헤치고

죽장으로 지하여장군을 동여매고
삿갓으로 천하대장군을 어르며
동강을 잇고 이어서
해오라기 세월을 바람으로 넘나들었네

조국의 횃불

평화로운 백의민족
순박한 이 땅 위에
바다 건너 왜족들은
야심의 욕망에 날을 세워
아름다운 금수강산
독수리 발톱으로 침략하여
잔인하게 유린하며 난도질하였으니

꿈으로 가득 찬 18세 소녀의
한 뜻과
한 희망과
한 마음은
아우내 장터를 독립의 중심으로
대한 독립 만세를 향하여
일파만파로
민족의 혼불은
아우내 장터로 몰려들었다

나도 유관순
너도 유관순
우리 모두 유관순이 되었던 날

대한 독립 만세를
목청껏 불러야 했던
나의 조국이여

내 조국, 내 강산
내 손으로 지키자
우리 손으로 지키자

오직 그것만이
나의 희망이요
나의 전부인
평화로운 대한민국
지키고 지키고자 바랄 뿐
대한 독립 만세
방방곡곡 울려 퍼지고
산천초목도 불이 붙으며

온 겨레는 일어섰다
온 겨레는 일어섰다

겨레여
겨레여
내 조국, 내 강산
내 손으로 지키자
우리 손으로 지키자

불꽃의 고귀한 열사
불꽃을 피운 숭고한 열사
불꽃의 시발점을 만든 순교의 열사
꽃다운 18세 열사

조국의 횃불이여

그 얼과 그 혼은
지금도 명명백백히 흐르고 있나니
자주적인 대한민국
영원히 혼불로 지켜 가고 있으리라

함백산

애절히 누구를 부르고 있는가

굽이굽이 재 넘고 재 넘어
그리워하는 님
바람결에 실어오려나
세차게
천년의 나무, 바위, 야생화, 들풀에게도
혼백 담은 울부짖음으로
함백산 흔들어 보나니

그 향기 사라질까
짙은 안개로 가두어 보고
살짝 미풍에 발걸음
확인도 해 보나니

그리운 그대
만항재 숨넘어가도록
발걸음 재촉하는

등산객들 허리춤에
지나가는 손길 한번
산들산들 휘감아 본다오

윤동주를 기리는 땅집

경기도 양평군에 위치한
14m × 17m 되는 6평 남짓 땅집 하나
사상을 넘어 우주를 품고
하늘과 세상 이야기를 하고자
한 톨의 사리사욕도 채우지 않은 채
교신의 통로를 열었다

땅집……
위에서 보면 땅 밑에 있는 하나의 공간
땅속에서 보면 위에 땅이 또 있을 뿐
하늘과 바람과 별과 시를 노래한
윤동주 님을 가까이 기릴 수 있도록
자연과 집을 하늘과 흙으로 빚어서 생명을 주었네

한 생의 뒤안길을 마지막 인사하듯
온몸으로 발자취 뒹굴며 여운을 남긴 낙엽에게도
한 생의 아픔을 잊으려 휩쓸어 가려는
비 한 자락의 초연함에도

세상의 탐·진·치에 버거워 떨어질 것 같은 별들에게도
작은 두 손 마음 받쳐
욕심 비운 별 하나 하늘 위로 띄워 본다

멸(滅)하는 별에게

열심히 살았네요
뜨겁진 않아도
따스함도 주고 포근함도 주고 사랑도 주려고
모두의 가슴에

고요의 바다를 가슴에 묻을 일 있거들랑
수억 천 길도 마다 않은
속삭임으로 위로하며
낮의 열기를 밤의 온기로
뒤돌릴 수 없어도

아쉬워할 것 없는 빈손이어도
남겨져 주지 못한 빈손이어도

밤하늘에 오롯이 잠시 반짝였다
언제 사라지는지 모를 별빛이어도
억겁의 인연 속에

서러웠다
외로웠다
말하지 마세요

잠시라도 빛의 흔적이 천리에 뿌려졌네요

난고의 영월

여느 숨을 편안히 쉬었더냐

영월 속에 숨어 넘나든 한평생
한으로 깁은 한 구절 한 구절
이제 고개 들어 하늘을 보려 하네

난고를 위한 영월이더냐
영월을 위한 난고이더냐
뉘 앞을 다툴 수 없는
필연으로 이끈 산천초목
난고를 영월로 불러들인 것인가

영월의 잎 자락 사이사이마다
붙어 있는 죽장과 삿갓의 숨소리는
난고의 거친 시름의 한(恨)을
술 한 잔에 헛헛함을 날려 보내네

고향 길

나의 강은
유리 조각에 찔린 흔적을 끌고
굽이쳐 회오리친다

꽃잎으로 누운 맑은 도화지
어느새
들꽃이 되어 피었는지

화산도 되고 폭포도 되면서
어느 때는
실오라기를 잡은 패잔병이 되어서도
큰 강을 건너 주었지

벌거숭이가 되어도 포근한
그리움의 자락

나를 찾아
다시 나를 일으키는 그곳
고향 가는 길

김유정을 기리며

고요한 산야
순박한 농촌의 궁핍한 살림살이
풍자와 해학의 어휘로
서민들의 속살을 시원스레 들추어 주었던
봄봄, 소낙비, 동백꽃……

인터넷 모르면 20대 아닌 세상에서
웃음과 너스레가
이웃의 담들을 해학으로 넘나들며
아슬아슬 곡예 타고 활시위 당기듯
한숨 섞인 어미의 숨결 속에도
배시시 소박한 미소로
인생사 짙은 서민의 시름을
햇빛 속에 숨 쉬게 만든다

제 3 부

바람의 무게

힘 빠져 지쳐선지
목적지에 다다랐는지
잴 수 없는 무게로
내 어깨에 머물러서야
비로소 잠을 청한다

비 1

당신은
심장을 얼려 버린 얼음이어도
이 세상을 못 떠나는
눈물입니다

소리 없이
생채기 앓는
드러누운 바람마저
파문을 일으키고

푸석거리는
나무 밑둥에
박혀 있는 묵은 징
한여름의 게릴라성 폭우조차
싹 뽑아내지 못하고

마른 풀빛에 쓰러지는
무형의 가슴은 가뭄으로 갈라지며

조금씩 조금씩
한 방울에 자지러지며
녹슬어 가고 있습니다

비 2

빈 바람이
무영의 잔재들을
흘려 놓습니다

소리 없이
위로의 명을 내리며
갈라놓은
끈을 잡고
속을 풀어 갑니다

쪼개어야 할 짐은
무수히 산재해 있고
목만 빼다 걸치고 간 자리
빈 가슴으로 쓸어 담기에
너무 무겁기만 합니다

비 3

산불 난 마음에
깊고 깊은 골들을
만져 주려고
촉촉한 단비 다가온다

원점으로 돌아오는
부메랑처럼
온갖 소요
엄연히 *환착어본인 되고

비바람에 꺾이지 않는
칸나의 모습
흔들림 없는 심지
마음을 씻는다

* 환착어본인 : 도리어 본인에게 돌아온다는 뜻.
법화경 관세음보살보문품 제25에 나오는 글로써
도리어 자신이 그 과보를 받게 된다는 것.

비 4

소리 없는 소리가
소리 있는 소리 되어
전문을 띄운다

색깔 없는 소리가
색깔 있는 소리 되어
파문을 던진다

생명 없는 소리가
생명 있는 소리 되어
몸살을 앓는다

어찌 살라고
어찌 살라고
깊은 바다조차 잠재울
하늘이 울고 있다

비 5

창문 밖에
나뭇잎 하나가
가지 끝에 매달려
대롱대롱 비바람에
몸을 휘젓는다

나이아가라 폭포수처럼
울어 대는 하늘
위로를 해야 할지
분노를 해야 할지

부실 공사 인재와
하루하루를 혈투하며
하늘이 맑아지게
안팎을 닦아 낸다

아! 초평

산수 갑산 좋다 하나
초평인들 뒤질손가
혼 담은 진천의 생명줄
뉘라 가뭄 목숨 헹구지 않을손가

행여 쉬어 갈 일 생기거든
하늘이 내려앉아
신선이 노닐다 간 이야기
잔잔히 귀 기울여
땅 위에 쏟아 부은 독초들
인삼, 산삼 명약으로 바꾸어
살아 있는 초평의 용천(龍泉)
방방곡곡 숨결 쳐 나아가자

마술의 잔

—술

세상을 잠들게 하는
침묵의 손
은빛 조명 무대 삼아
유혹의 입맞춤을
반주해 본다

서서히 녹아드는 목 줄기 따라
심장과 지성의 감각은
신데렐라로 마술을 건다

오즈의 세계로
무한의 공간은 날개를 펴고
모차르트의 교향곡 제40번으로
눈물과 웃음의 변주가
발끝까지 일어나
이끼 낀 하루의 먼지를
버지니아 울프의 외침 속으로
막힌 숨을 토해 내 본다

더위 앞에서

–권위, 권력 1

아무것도 할 수가 없다
그냥
더위 앞에서
아이스크림 녹아내리 듯
폭포 같은
땀만 흘리고 있을 뿐

목적지를 향해 발걸음을
조용히 내디뎌도
그냥
더위 앞에서
길 잃은 작은 아이처럼
힘없이 어깨만 처질 뿐

맑은 하늘 그리워
고개 한번 들어 보니
그냥

땡볕 같은 더위
눈을 못 뜨게 하네

갈아입는 것

—죽음

나지막이 밀려오는
가을바람 한켠은
스산한 목소리로
나를 두들긴다

웃는 얼굴이 어제가 되고
그림자가 되어
잡을 수도
잡지도 못할 바람으로
그냥
옷을 갈아입으려 움직인다

언젠가는 남의 일이 아닐 텐데
언젠가는 반갑지 않을 손님으로
그대 가까이
마주해야 하거늘

오늘도

마냥

옷을 갈아입을

움직임만을 한다

안개

온갖 아우성을
묵묵히 감싸며
해바라기 마음으로
오늘을 침묵하려 합니다

내일의 태양이
까만 기다림으로
먹구름을 덮더라도
오늘을
또 보듬으려 합니다

장마가 긴치마 입어 대고
추위가 살 속을 저며 가도
언젠가는
작열의 태양 앞에
앙금의 곰팡이조차
녹아 없어질 때가
반드시 올 것입니다

그날이 오면
까만 목메임으로
등을 보인 인고
한 올 한 올 엮은
소중한 한 땀들을
결코 헛되게
아니 할 것입니다

품팔이

–하루의 삶

오늘도
연명의 빈 거리를 호젓스럽게 주섬주섬 나선다

남보다 더
잘 입고, 잘 먹고, 잘 쓰고
남보다 더
아픔을 함께 느끼고 슬퍼하고 아파하는

삶은…… 삶은

그런 인간스런 동물적 발자국은
콘크리트 위에 촉각을 세우고
앞선 발자취에 남은
이끼 낀 연명의 가루를
현미경 손갈퀴로

남보다 더
오늘도
또
쓸어 담고 움켜쥔다

내 직장에 노다지 있다

내 직장에 노다지 있다

화이트칼라, 샐러리맨, 일용직, 주부……
산에도 바다에도 들녘에도 사막에도

희망을 줍고
꿈을 그리며
사랑을 나누고

무엇인가 목표 찾으러
어떻게 키를 조절하며
왜! 허리 끊어지는 줄 모르게
몽글몽글 맺히는 땀방울 속 가족 얼굴

내 직장에는 노다지 있다

바람의 무게

내 눈 속에
안개 자욱한
나무 한 그루 서 있다

바람이
언제 마실 왔었는지……

맑은 하늘에
그림 그리고
수놓으며
한 뼘 두 뼘 키 재기 하던

바람은 일상을 불러 일으켜 세우고
때론 서늘함을 몰고 오고

힘 빠져 지쳐선지
목적지에 다다랐는지
잴 수 없는 무게로
내 어깨에 머물러서야
비로소 잠을 청한다

가을

성숙한 여인으로 옷 입는
팔색조의 계절이라

또 하나의 계절 옷을 입으며
낭만의 추억 한 잎을 모아
바람 한 자락에도
눈물과 웃음의 미소로
희망의 낙엽을
책갈피에 곱게 넣고
스카프 날리며
옷깃을 세우는
갈꽃 향기 물씬 풍기는

성숙한 여인으로 옷 벗는
참회의 색깔이라

■ 한영 대역 시

제 4 부 Part 4

세월 Time

조용히 내 곁에 두고
조금씩
서서히
풀었다 낚았다 하고 싶은
침묵의 동반자

세월

떠나려 해도
쉽게 보낼 수 없는
단짝 같은 친구이건만
끝내 이별을 고하고
뒤돌아서서
아쉬운 눈시울 적시는 그림자

품어도
꼭 껴안아도
어느새 빠져 나와
늘 나의 의지보다
앞장서서 달리기만 하는
고삐 풀린 말

소중히
하루하루와 입맞춤하며
조용히 내 곁에 두고

조금씩
서서히
풀었다 낚았다 하고 싶은
침묵의 동반자

Time

My bosom friend
I couldn't send easily
Granting I send her far away from me,
At last made her farewells and
Turned her back to me.
The shadow which wets my regretful eyes.

The unbound horse
However I hold in my arms,
However I embrace,
Which slips out of my arms unnoticed
And always runs faster
Than my will.

Respectfully,
Kissing with each days,
I want you to be beside me and

Little by little,

Gradually,

Want to release you or catch you.

You, my tacit partner.

아버지

비 오는 날이면
온몸에 기어오른 열병이
참이슬 한 병, 새우깡을 움켜쥐고
골목을 돌아 오는 숨소리는
창 밖에 뭉크의 절규를 그린다

비 오는 날이면
곡선을 거부하는 자존심은
눈물과 웃음으로 빚은
서툰 조각가의 일그러진 형상을
원을 그리는 잠자리 날개에
꺼이꺼이 목숨의 시간을 묶어 둔다

비 오는 날이면
더 이상 숨길 게 없는
알몸으로 그대, 가까이 오는가
더 이상 가릴 게 없어
알몸으로 그대, 서 있는 것인가

비 오는 날이면
속살 드러낸 우산은
야위어 가는 그림자 위에
비를 걸머진 채
비틀비틀 골목을 돌아가고 있다

Father

When it is rainy day
He grasps a bottle of wine named Chamisle, and some sweets
With a febrile disease him get angry.
His the sound of breathing coming back into an alley
Imagines the painful outcry of Munch out of the window.

When it is rainy day
His pride refusing a curved line
As the twisted figure that was made by the unskillful sculptor
With tear and smile.
He also ties hours
On dragonfly's wings drawing the circle.

When it is rainy day
With nothing on, you couldn't hide the thing any more.
So do coming near to this?
Stark-naked, you couldn't cover the thing any more.
So do standing alone?

When it is rainy day
He is walking in the rain
On the thin shadow
Under the poor umbrella.
Staggeringly, staggeringly.

터미널 비둘기 1

퀴퀴한 매연의 먼지와 오일로 덮여
숨 가쁘게 오가는 고속버스 터미널
셀 수 없는 승 · 하차 바퀴 사이사이로
두 개의 목숨을 맡기고 있는 양
닥치는 대로 먹이 찾아 이리저리
힘겨운 몸짓을 새벽부터 가른다

생사의 곡예를 쉴 새 없이 넘나들며
무수한 차바퀴 아랑곳없이
장대비조차 꺾을 수 없는
날갯죽지에 붙은 의지는
헤집는 먹이 보따리만 눈에 밟힌 채
한소끔 자식들 주린 배
입속까지 드러낼 젖먹이 줄 생각 뿐

A Pigeon Living Around Terminal 1

They wander over an expressway bus terminal
Festered with public nuisances
To roam about in quest of food
They are in peril of their lives
As if entrusting two lives
Between wheels of bus getting on or down countlessly.

Trying to find food at the risk of their life
With being indifferent to dangerous wheels,
The will power of life attached to their wings
Having no ability to stop a heavy shower,
They do nothing but think
To stave off their kids' stomach.

도심 속 은둔

별보기 운동하듯 세대 차이 없이
도심 속 유리 상자에 갇힌
해님도 달님도 별님도
아득한 형상으로 일군 마음밭
자기 혼돈에 취한 미궁 속에서
우주를 담고 있는 불시착

곧이곧은 수혈의 *미생인들
상사의 피뢰침 한방에 눈물을 들이마시며
계절 감각 잊은
지폐 몇 장들이
주머니 속에서 꼬깃꼬깃 날 세우고 있다

언제쯤 경직된 고개
신선한 자연의 공기 속에서
갑옷의 단장 내려놓은 유년의 유희를 하려는가

도심 속 숨고르기에
무뎌져 가는 감각의 화두는
신호등 앞에서 목표 잃은 치매 현상이
풀 한 포기 없는 황망한 벌판으로 떠밀려
언제 시원한 바람과 손잡았는지
낯선 자신과 눈인사 해 본다

* 미생(未生) : 바둑에서 집이나 대마가 아직 완전하게 살아 있지 않음. 또는 그런 상태.

Seclusion in the City

The sun, the moon, and the stars
Confined in the glass box of the heart of a city
Without a generation gap, as if exercising to look at stars,
Are like a mind field reclaimed as dim shapes
Into a labyrinth intoxicated in self-chaos,
And making a forced landing at the universe.

The humans under a state of *not being alive
Take single help as blood transfusion,
Drinking tears by one shot of the lightning rod of their boss,
And a few paper money irrespective of seasonable sense
Make them stimulate in their pockets.

When would their hardened heads make merry play
Without the heavy clothes like amours
In the fresh air of nature?

The senseless topic conversation
To fetch their breath in the heart of the city
Like the present state of aimless dementia before the signboard,
Being pushed to the desolate plain without a piece of grass
Comes to find an unfamiliar self
Who forgot when to feel the fresh wind of the past.

*a state of not being alive : It means a state of death of baduk stones in the go game.

내가 봄이래요

끝날 것 같지 않은 동장군에
화들짝 일어나
분홍, 노랑…… 속옷들 살포시 보였더니

오호!

감탄하는 지상의 낙원에
주체하지 못한 역마살
방방곡곡 산천을 누비며
흥분의 도가니
연정으로 뿌려 본다

I Am Spring

Spring, startled all of a sudden
By the General Winter's never mitigating coldness,
Showed him secretly her underwears named scarlet,
  yellow colour...,

Oho!

Her unbearable wantonness
Toward the Earthly Paradise in exclamation
Threading her way through all over the country,
Spreads her love
To turn into a scene of wild excitement.

새로이 일어나자
―선거

때가 되었는가

서민들의 치맛자락 속까지 숨은 얘기에 귀 기울이며
썰렁히 남겨진 단풍 한 잎까지도 일으켜 세우고
고왔던 제 빛깔 퇴색치 않게 힘 모아
용기 있게 일어난 필요에게
계산되지 않는 화해로 시원스레 손잡고

한 줄 시어조차 물기 없는 화초처럼
생계의 바다에서 항해하는 숨소리
새벽을 가르며 열심히 사는 초롱의 의지들을
혈세의 구멍이 선비, 정치라는 주머니로
눈가리며 수혈되지 않기를 바랄 뿐

그저, 스쳐 지나가는 염원으로
온 동네, 온 나라를 휘모리로 앓이 만드는
주기적인 때에 바람 소리 하나 없는
습관이 아니기를 바랄 뿐이다

Let's Rise Anew
– An Election

Has the season come?

Listening to even the hidden story in the common people's skirts,
And raising up even one leaf of maple tree left desolately,
With all our strength not to lose its own beautiful color,
Holding hand in hand with necessity happened bravely
By dint of the fair compromise,

Even one line of poetic word like waterless flowering plants
Is breathing sound sailing in the sea of livelihood,
And only we wish the blood tax would not break the bright people's will
Running to live eagerly at dawn,
And not revive in the name of gentleman's politics.

With only a temporary desire
Only we wish it would not form an old habit
At periodical time, such a sound of wind as has drawn into the vortex o election
Through whole town, whole country.

단어의 몸 1

금 · 은 · 동이 아니요
값어치의 논리에 끼는 것조차
허락한 적 없는 무소유

한순간 흩어진 바람 만큼이나
잡혀지지 않을 자유의 끼
작은 몸 하나에
시샘의 그물은 쳐진다

금싸라기 강남땅에만 존재하는 몸도 아니요
몇 푼으로 거저 매겨진
1평 땅값도 아니건만
재단사에 의한 천의 운명처럼
몸은 늘 그렇게 도마 위에서
의지와 상관없이
멱살을 잡혀 몸살을 앓는다

A Body of Vocabulary 1

Not a gold. silver. copper,
Even stepping in the theory of value,
The no-possession it never be allowed

As much as a wind scattered in a flash
The spirits of freedom not getting seized.
To such a small body
The net of jealousy is being stretched out.

Not only the body existing at the Kangnahm land of great value
Devaluated as low as a cheap value with small money,
But also not the price of land per one *pyeong,
Like a destiny of the cloth by the tailor
The body that it is on the chopping board always so,
Without its will
Has been suffering with getting seized by the lapel.

*pyeong=3.954 sq. yds.

단어의 몸 2

해가 뜨므로 동쪽이 된 것인가
동쪽이므로 해가 뜨는 것인가
진리인가 인식인가
거부될 수 없는 의식은
불변의 틀 안으로
당위성을 밀어 넣고 있다

홍수가 된 언어의 시위들
시대 격차를 좁히며
순수의 침실마저도
농락하며 침범해 든다

초고속 메가패스 광속도의 인터넷만큼
더 많은 상흔과 영향력을 발휘해 내며
채반에 걸러지지 않은 언어의 무기
온전한 실상의 여신상처럼
우리 앞에 존재해도 되는 것인가

자외선에 유린당해도
세상 밖으로 밀쳐 나온 한 톨의 햇살박이의 언어
공인력을 가진 햇살이의 몸짓으로
흡인력을 지닌 살아 있는 포자이기를

동쪽이어서 해가 뜨는 것인가
내 안에 뜨는 쪽이므로 동쪽이 되는 것인가
의식의 바람은
오늘도
황량한 도심의 거리에서
물러져 가는 낙엽의 몸살을
즐펵하게 이야기 듣는다

A Body of Vocabulary 2

Is it the east for the sun to rise in the east?
As it is the east, does the sun rise?
Is it truth? is it cognition?
An undeniable consciousness
Pushes what it should be
In the frame of the invariability.

The demonstrations of the flooded languages
Restrict the age's gap,
Trifle even the pure bedrooms
And violate it.

The weapons of unchecked languages
Display fully as much cicatrices and influences
As an internet in megabyte velocity of light
And exist actually before us like an idol of a goddess,
So must we accept and pass over?

Even if they are violated by ultraviolet rays,
A piece of a new language, pushed out of the world,
May be a living spore with sucking force
By gestures of sunshine having official approval.

As it is the east, does the sun rise,
Or as it rises inside my heart, is it the east?
Today
The wind of consciousness
Hears heavily the pains of falling leaves
Getting out of the way,
From the street of a waste heart of the city.

지하철 속으로

초침으로 밀려드는 무거운 눈꺼풀은
아구같이 포획하는 지하철 속으로
하루의 몸을 맡긴다

나이 불문하고
한 치 양보도 없이
지하철을 빠져나가는
무표정한 얼굴 위로
제각각 멋진 자화상은 그려지고 있다

옷매무새를 추스르는
희끗한 중년의 주름진 얼굴 위로
불어오던 봄바람마저
고개를 떨군 채
숨 가쁜 일터로
발걸음을 재촉한다

Run Into the Underground Railway

The heavy eyelids advancing
As the sweep-second of a watch
Put its life of one day in a subway capturing like a hungry ghost.

Irrespective of sex of age
They do not yield an inch,
On the blank faces,
When they find their way out of the subway
Their own portraits are drawing respectively

On the wrinkled face of middle age
Who brace himself up
Quickens his pace into the workshop
So the blowing wind ducks away from him
With a hanging head down.

들녘에 핀 이름

가야 할 길이 하얘져
묵묵히 서 있기도 하였습니다
보이는 느낌이 까매져
하늘을 우러르기도 하였습니다

저만치
아련한 손길은
찾으려는 푸르름
습성에 메어지는 허덕임을
추스르고 조이며
님 곁으로 달려 봅니다

사계절을 휘갈긴 비바람들은
견실되기 위한 감칠맛이려니
뉘 바람이 꼬드겨도
들녘의 질긴 생명
고만고만 풀 속 향취 속에서
이름 있게 님 가까이
남으렵니다

The Name Bloomed in Plains

The way that I must go, turned white
So I stood still.
But the feelings turned black
I looked up to heaven.

Beyond far away
A dim helping hand
Is the one seeking blue
So I lay aside the struggling wet in me
And run to you
Picking up and set in order.

Wind and rain that hit four seasons
Is savory taste to do something
On a sound basis
Whoever allured of the lives on plains
They have strong hold on life
So I will remain on their lives
Which are about the same manner.

가을 오는 소리
—새벽 찬바람

무더위를 재촉하여 푸른 눈빛에 날 새운
앞동산 뒷동산의 잎사귀들
핏줄 세운 기다림의 붓으로
앞다투듯 울긋불긋 화폭 만들고

퍼런 멍 속에 영근 은행
한차례 바람에 우수수 쏟아 붓고
한차례 비에도 우수수 비워 가며
밤새 달님과 이야기한 속내
수줍음은 노랗게 달아오르고

새벽부터 가을 단장
한껏 이승의 미련 떨구어 주려는 듯
쌀쌀한 찬바람 옷깃 여미게 만드네

A Sound that Autumn Comes

– The Dawn's Chilly Wind

The leaves with their green light shining
In front garden and in the rear, to hasten hot weather
Make a colorful canvas for a drawing
As competing each other by its touches of a gasping wait,

The mature gingko's nuts in the green bruise
Rustle down once a gust of wind,
Emptying themselves once in the rain,
A secret shyness whispering with the moon through night
Gets dyed in yellow color,

From dawn the chilly wind
Makes the leaves turn up their collars,
As if it disturbs the autumn's makeup of secular life.

지하철 속에서

어느 껌팔이의 하루는
아랑곳없이 사열된 무릎 위에
닳아 빠진 신발 뒤 굽만큼이나
너덜되는 긴 시간의 터널로
동정 어린 가쁜 숨결의 껌들을
덜커덩덜커덩 다음 역을 향하여
인정의 손길을 바라며 존재를 연다

언제 보아도 딱지가 앉지 못한 눈두덩이의 상처는
얼큰히 술에 취해 넘어진 변명이라면
차라리 티격태격 한판 붙어 싸운 흔적이라면
오히려 부모 형제에게 혼이 난 기쁨이라면
외롭거나 슬프거나 혼자이진 않을 텐데

쓸쓸하고 질긴 목숨의 하루가
길게 깔린 지하철 플랫폼으로
많은 사연들을 묵묵히 보듬은 채
마치 아무 일 없다는 듯
목적지를 향한 환승의 긴 터널을
모질게 마주할 뿐이다

In the Subway

A beggar selling gums opens a day
Hoping the warm-hearted help.
He usually goes into a long black tunnel of time
As careless as that he is shabbily dressed
But only seeming as his own image,
Selling gums in the panting sympathetic breath,
Heading for next station with rattling sound.

If the injury of his upper eyelid, which he always
Carries on, were caused by alcoholic drink
Or the scar were rather the result of a fight
Living in this world, being scolded by parents and brothers
He wouldn't be lonely, sorrowful or alone.

The tough and lonely one day life
With keeping his all many stories,
To the deep fogged platform of the subway
As if nothing happens around him,
Only confronts severely
A long tunnel for a transfer to the destination.

배추

고랭지 살갗 비비며
고운 시절 재 넘어간
골 패인 손등 위로
처녀 속살 선을 보인다

노처녀라 부르기 전에
숫처녀로 영근 탱탱한 젖살
방방곡곡 한 몸에 안은
이슬 머금은 꿈의 만삭
미지의 여행에 오르고

부르는 데가
내 집인 것을

시래기는 벗겨져
감출 것 없이 속살 드러내고
맛깔스런 김치로
새롭게 태어난
눈물짓지 않을 행복한 긴 여정

The Cabbage

On the youthful season
When crossing over the pass, rubbing skin of highlands,
Above the back hill of wrinkled hands
The secret part of the virgin is shown.

Before she called as old spinster
With the elastic baby flesh like an immaculate virgin
Embraced with one accord in all over the country,
She makes a trip to the unknown place
With dew laden dreams conceived,

Wherever they call me
Perhaps it is my home.

The dried cabbage leaves are peeled off
Exposing its inner flesh without concealment
That it is born newly
Such palatable kimchi as
Is a long happy journey without tears.

행복 짓기

—봉하마을 보금자리

살아 있는 올실과 날실로
하루하루 삶의 지평선 열어
최고의 권력에 말 많았던 세월의 권좌

개미보다 더 부지런히 새벽부터 하루를 열어
세계를 무대로 공존과 경제 발전과 화합을 추구한
5년 세월 사명지수 늘 저울대에 올려지고
서민들 생계형 신용 불량은 날개 달려 계속 늘어만 가고
무너진 중산층 전문직 없는 중년 아줌마도 일터로 내몰리고
이런저런 명분의 상류층 족속
명품지갑 두둑이 지폐로 가득 채울 생각뿐

말년의 황혼 덧없이 목숨으로 값을 치른다
새가 되어 날아간 부엉이바위 밑에서
자유롭게 숨 쉴 자리 마련한 비상구
한평생 걸려 선택한 자유의 숨결이
이것이던가! 자문의 행복지수
이제 편안할 수 있을 것인가

Making Happiness

– A Nest in Bongha Village

The seat of power
After opening the horizon of everyday life
Using all kinds threads,

Toward the stage of the world Working hard like an ant
Opened the day before morning dawns
He pursued coexistence, the growth of economy and harmony
But was always weighed index of his mission on the balance
The people who lost their credit for a living
Increased in number
The upper classes have nothing but satisfying their desire,

He gave up his life in his last years
Under the owl rock where he flied becoming a bird
It's just an emergency exit from which he became a freeman
It took a whole life time to choose
The breath of freedom Is this just the index of happiness
Does he really enjoy a peaceful life?

민들레

봐주는 이 딱히 없어도
풍설에 꺾임없이 묵묵히 피어나는

동서양이 판치는 들녘의 여기저기에서도
도심의 시멘트 아파트 벽 틈에서도
자존심을 지켜 가는 하얀 민들레

깊고 깊은 어머니 품처럼
고귀한 뜨거운 열정은
실리마린과 콜린 성분으로 피어나
쓰고 달고 짠맛의 오묘함을 담아

한잔 두잔 나누는 퇴근길 정담 속에
약화되어 가는 오장육부 기능을
차가운 성질로 이로움을 평정하여
염증을 없애고 피를 맑게 하며
민족의 얼을 품고 다스려 주고 있구나

A Dandelion

The white dandelion, though no one gaze with deep interest,
Blooming silently without being broken off by hardships,

Here and there in the field where the Western flowers are puffed off,
Even in the cemented crevice of the apartment in the heart of a city,
The White dandelion keeps its pride.

Like the deeper mother's bosom,
Its noble, hot passion
Bloomed with silimarin and cholin ingredients
Preserving its sweet, bitter, and salty taste.

It strengthens our internal organs
As in its cold function, getting worse in drinking a few cups
With tête-a-tête at the closing hour,
And heals up inflammation and clears up blood,
Governing the soul of our race.

양화환도

사공!
해 지기 전에
한성에서 담고 풀은
조선 팔도 보따리
인천으로 나르고
강화로 나르며

발품 속에 피어난 해학의 땀방울
송이송이 드넓은 백사장에 기염을 토하고
양화나루에서 숨을 고르니
와우산과 잠두봉 절경이로다! 절경이로다!

전국으로 뻗어 가는 인심을 싣고
시원스레 광활한 한강의 물길은
산천경개 유람하는 사대부 양반 도포 자락에도
질박한 서민들 호구지책 허리춤에도
돗자리, 옹기, 짚신……
다양한 보부상의 봇짐, 등짐 속에도

*칠월 신선에 구시월 뱃놈
아부지, 서방님~
달포 넘게 짓무른 눈가 허물 벗듯
진경이로다 진경이로다
선유봉이여!

*칠월 신선에 구시월 뱃놈(속담) : 농촌에서 농한기인 칠월에는 한가하게 지내다가 추수하는 구시월에는 뱃사람처럼 눈코 뜰 사이 없이 바쁘다는 말.

Returning to Yangwha Island

Sailor!
Carrying, carrying,
All the packs of the Chosun country
Which were loaded in Hanseong,
To Incheon, and to Kangwha
Before the sun sets,

The dripping sweats of Humor blooming in work,
Talking a lot of hot air at the wide sandy beach,
And resting to see them at Yangwha,
The Whawoo mountain and its peaks are magnificent views! grandest views!

The fresh and wide waterway of the Han River
With the people's minds through all the country over,
Together with Korean full-dress attire of the noble birth
Going sightseeing around the mountains and streams,
Even with a simple-minded common people's girding their loins,

And the mats, the potteries, the straw sandals,---
Even in a bundle or pack-packs of the peddler,
*As if playing in July like a Taoist hermit, and working in September like a fisherman,
Father, husband~
Skinning peels about eye's rim off,
It is a grandest view, brilliant one,
The Seonyoo-Peak!

*The phrases mean a sort of a proverb, that people play and rest without working at a farming village in July like an unworldly man, and they move very busy in September like fisherman.

■ 작품해설

'지금 여기', 심원한 시심

이 덕 주(시인, 문학평론가)

1.

강영덕 시인의 이번 시집 『시간의 채널』은 1998년 등단 이후 19년 만의 첫 시집이다. 그동안 시인은 시집을 발간하려고 몇 번 시도했으나 그때마다 자신의 부족함을 절감하며 출간을 미뤄왔다고 한다. 이번에도 미흡하지만 몇 번의 망설임 끝에 더 이상 지연할 수 없어 시집발간을 결심했다고 한다.

시인은 오랜 기간 사회복지사, 보육교사, 요양보호사, 장애인 활동 보조사 등 다양한 사회적 봉사 활동을 해 왔다. 그 중 자원 봉사 활동이 많은 부분을 차지한 듯하다. 이 또한 시집발간을 미룬 이유가 될 것이다. 이처럼 이번 시집은 시인이 생의 여정과 사회생활의 전환기를 겪으며 자신의 내면에 쌓여 있는 과거의 흔적을 보여 준다. 시인의 자아탐구와 자아완성의 과정일 것이다. 즉 자신에 대한 성찰과 사유가 겹겹이 농축되어 시인의 실체를 그대로 드러나게 하고 있는 것이다.

그 때문인지 그의 시편을 내밀하게 살펴보면 시적 대상에게 자기만의 연민을 보내며 공감대를 확보하려 한 발자취가 면면마다 발견된다. 따라서 그의 시세계를 주시하는 일은 그가 구축한 독립된 시적 공간을 눈 밝은 독자와 함께 공유하는 일이 될 것이다.

이번 시집의 시편을 통해 시인이 토로하고 있듯이 시인이 살아온 지난 시간은 힘든 시절을 견뎌왔으며 어려움을 극복해 낸 시간이었다. 시대를 공유한 사람들은 어느 누구도 그 아픔을 피해 가지 못했을 것이다. 그 어려운 생을 거쳐 온 우리 인생은 그래서 더 살아야 할 분명한 이유와 동시에 목표가 되는지도 모른다. 이처럼 이 시대를 경유한 시인 역시 자신의 의지로 시를 쓰며 그 반작용으로 자신을 더 옹골차게 희망의 존재로 남게 했을 것이다.

시를 쓴다는 그 자체는 축복의 대상이다. 노력 여하에 따라 시적 성취는 각자 분명히 조금씩 편차가 있을 것이다. 하지만 시와 인연을 맺고 시인으로 존재한다는 사실은 이미 축복을 받은 소중한 기회라고 본다. 시적 대상을 보며 어느 누구도 발견하지 못한 자기만의 독법으로 독창

적인 시세계를 갖는다는 것, 시인이 되는 일은 '지금 여기'의 생을 온전하게 살고 있다고 해야 할 것이다. 강영덕 시인은 지금 자기만의 특별한 시적 축복의 세계를 펼쳐내고 있는 것이다.

2.

앞만 보고 달려온 시인의 생은 순탄하게 진행되지 않는다. 생의 흐름 가운데 전혀 뜻하지 않은 변화도 맛보았을 것이다. 생의 변곡점 속에서 시인의 사유는 확장되었으리라. 나아가 시적 대상들에게 연민과 연대의식을 공유했을 것이다.

> 퀴퀴한 매연의 먼지와 오일로 덮여
> 숨 가쁘게 오가는 고속버스 터미널
> 셀 수 없는 승 · 하차 바퀴 사이사이로
> 두 개의 목숨을 맡기고 있는 양
> 닥치는 대로 먹이 찾아 이리저리
> 힘겨운 몸짓을 새벽부터 가른다
>
> 생사의 곡예를 쉴 새 없이 넘나들며
> 무수한 차바퀴 아랑곳없이
> 장대비조차 꺾을 수 없는

날갯죽지에 붙은 의지는
헤집는 먹이 보따리만 눈에 밟힌 채
한소끔 자식들 주린 배
입속까지 드러낼 젖먹이 줄 생각 뿐
—「터미널 비둘기 1」

화자는 고속버스 터미널에 터를 잡고 있는 비둘기에게 시선을 떼지 못한다. 승하차하는 바퀴 사이를 넘나들며 죽음의 위험을 아랑곳하지 않은 채 비둘기는 먹이를 찾아 숨바꼭질하듯 헤집고 다닌다. 화자는 그러한 비둘기를 "두 개의 목숨을 맡기고 있는" 비둘기로 인식한다. 그렇지 않고서야 어찌 저 비둘기는 자신의 죽음까지 불사하며 먹이쟁탈전에 뛰어드는 것인가?

화자가 관찰하는 비둘기는 그야말로 "생사의 곡예를 쉴 새 없이 넘나들며" 먹이에만 관심을 갖는 비둘기다. 터미널에 무수히 드나드는 버스의 바퀴, 그 위험에 노출되어 있으면서도 "장대비조차 꺾을 수 없는" 강렬한 생의 본능은 어디에서 올까? 화자는 못내 궁금해 한다. 제 자식을 위해 비둘기는 죽음을 두려워하지 않을 것이라고 화자는 상상을 확대해 본다. 인간들도 모성본능으로 체면은 따지지 않으며 자식을 위해 어떤 희생도 마다하지 않는 경우를 많이 보지 않는가? 화자는 저 비둘기도 "자식들 주린 배"를 떠올리며 "입속까지 드러낼 젖먹이 줄 생각"만 하고 있을 것이라고 비둘기의 모성을 확대해석하는 것이다.

우리 인간과 다르지 않은 비둘기의 처지에 동감하며 시인이 옹호하고 있는 것이라고 할 수 있다. 터미널 비둘기를 측은지심으로 바라보는 시인, 그 비둘기를 인간과 다르지 않다고 여기는 시인이다. 「터미널 비둘기」 연작시, 그 이면에는 이처럼 시적 대상에 대한 연민과 동감의식이 시인의 내면 깊숙이 동인으로 자리하고 있다고 보아진다.

별보기 운동하듯 세대 차이 없이
도심 속 유리 상자에 갇힌
해님도 달님도 별님도
아득한 형상으로 일군 마음밭
자기 혼돈에 취한 미궁 속에서
우주를 담고 있는 불시착

곧이곧은 수혈의 *미생인들
상사의 피뢰침 한방에 눈물을 들이마시며
계절 감각 잊은
지폐 몇 장들이

주머니 속에서 꼬깃꼬깃 날 세우고 있다

언제쯤 경직된 고개
신선한 자연의 공기 속에서
갑옷의 단장 내려놓은 유년의 유희를 하려는가

도심 속 숨고르기에
무뎌져 가는 감각의 화두는
신호등 앞에서 목표 잃은 치매 현상이
풀 한 포기 없는 황망한 벌판으로 떠밀려
언제 시원한 바람과 손잡았는지
낯선 자신과 눈인사 해 본다

—「도심 속 은둔」

화자는 도시의 중심에서 생활 전선에 나서고 있는 도시 근로자다. 어쩔 수 없이 생활 전선에 나가 많은 사람들과 뒤섞여 생활하고 있지만 화자는 그러한 "자기 혼돈에 취한 미궁 속에서"도 "우주를 담고 있는 불시착"을 꿈꾸는 존재가 되고 싶은 의지를 드러낸다.

화자는 자신이 "상사의 피뢰침 한방에 눈물을 들이마"실 수밖에 없는 그야말로 아직 생존의 불확실성 속에 빠져 있는 미생의 존재임을 절감한다. 직장 생활을 해 본 사람들은 직장 상사의 질책이 얼마나 자신의 자존심을 상하게 하는지 누구나 경험했을 것이다. 화자는 이러한 직장인이 겪게 되는 불합리한 정황을 "피뢰침 한방에 눈물을 들이마"시는 광경으로 묘사하며 절절하게 그 심상을 보여준다.

장면이 이어지며 화자는 자신이 "무뎌져 가는 감각의 화두"에 빠져 "신호등 앞에서 목표 잃은 치매 현상"을 빚고 있으며 "풀 한 포기 없는 황망한 벌판으로 떠밀려" 왔다고 심경을 설파한다. 떠밀리다시피 온 그곳은 조금은 엉뚱하게 "시원한 바람과 손잡"은 또 다른 낯선 자신이 서 있는 곳이다.

그곳에서 화자는 비로소 자신을 되돌아보며 자신을 향해 눈인사를 하듯 위무를 보내려 한다. 자신을 시적 대상으로 낯설게 설정하고 있지만 그 또한 화자의 다른 모습이기 때문이다.

산불 난 마음에
깊고 깊은 골들을
만져 주려고

촉촉한 단비 다가온다

원점으로 돌아오는
부메랑처럼
온갖 소요
엄연히 *환착어본인 되고

비바람에 꺾이지 않는
칸나의 모습
흔들림 없는 심지
마음을 씻는다

—「비 3」

시적 화자는 어지간히 화가 났던 모양이다. 마치 산불이 번져 가듯 타오르는 분노를 억제하지 못하고 있는 "산불 난 마음"을 드러낸다. 화자는 그때 때맞춰 내리는 비를 보게 된다. 비가 내렸을 뿐인데 화자는 온몸이 들끓듯 하는 분함을 삭혀주고, 또한 상처 난 자국을 씻겨주기 위해 "촉촉한 단비 다가온다"며 온정적으로 비를 바라본다. 단비 때문에 자신의 분노가 가라앉고 있음을 화자는 인식한다. 부메랑이 처음자리로 되돌아오듯이 화를 내기 이전의 상태로 자신의 마음을 회복시키고 있는 것이다.

화자는 그곳에서 환착어본인(還著於本人)을 떠올린다. 환착어본인은 『법화경』에서 행자(行者)를 비방하고 훼손케 하려는 사람은, 도리어 자신이 그 과보를 받게 된다는 것이라며 시인이 주석을 통해 그 의미를 확인할 수 있도록 기술해 놓았다.

비가 그치면 만물은 생기가 돋고 활력을 되찾는다. 화자는 분노를 가라앉히고 의연하게 대처하려 한다. 자신을 "비바람에 꺾이지 않는" 올곧은 "칸나의 모습"으로 남게 하고 싶은 의지를 드러낸다. 비를 보면서 자신의 마음을 더욱 순화시키며 자신의 심경을 맑혀보려고 의지를 새롭게 하고 있는 것이다.

시인은 환착어본인에서 오히려 자신을 향해 그 과보를 받지 않도록 마음을 다져먹는 계기를 마련하려 한다. 연작시로 쓴 「비」 역시 그 근본은 비로 "마음을 씻"어 내려한 순정함에서 비롯되었다고 할 수 있다.

거부하고자 몸부림쳤던
내 안의 또 다른 나
눈물로 등을 돌려 보지만

끝내 그림자처럼 뗄 수 없어
마음 비우고 받아들인
무녀라는 길

걷고 또 걷고 내 음(陰)의 기운은
타인을 위한 험한 양(陽)의 인생
어찌 외로운 두 개의 조화는
떨어지지 않고 짙게 뿌리나
갈 길 잃은 나그네
마음 비우고 받아들인
무녀라는 길

—「무녀도」

화자는 외양적 자신과 또 다른 내면의식을 갖고 있는 자신에 대해 오랫동안 궁구하며 결국 자신의 내면에 자리하고 있는 또 다른 자신을 수용하기로 작정한다. 즉 자신에게 내재된 '무녀' 라는 또 다른 자신을 운명적으로 긍정하는 것이다.

이 시는 화자가 '무녀' 가 될 수밖에 없었음에 당위성을 부여하고 있다. "거부하고자 몸부림쳤" 지만 "눈물로 등을 돌려보지만" 무녀가 될 수밖에 없는 숙명은 "끝내 그림자처럼 뗄 수 없"게 화자를 무녀가 되게 한다.

1연은 화자가 무녀가 되는 숙명에 대해 언술했다면 2연은 그렇게 무녀가 되기로 작정한 화자에 대해 그 입장을 적극적으로 변호한다. 무녀가 되어 자신의 몸에서 나오는 기운을 "내 음(陰)의 기운"이 "타인을 위한 험한 양(陽)의 인생"이라고 단정 지으려 한다. 음이 조화를 이루기 위해서는 양의 기운이 필요하다. 양을 위해 자신이 그 역할을 하고 있다고 화자는 긍정적으로 인식하는 것이다. 끝내 화자는 자신이 가야 할 길이 무녀라는 사실을 "마음 비우고 받아들인"다.

시인은 현재 무녀가 아니기 때문에 주변에 무녀가 될 수밖에 없는 특정한 타자에게 관심을 갖고 관찰했던 듯하다. 따라서 시인이 탐색한 「무녀도」는 '무녀'가 될 수밖에 없는 특별한 운명의 타자가 지닌 정당성을 지지하며 인간의 다양한 모습과 그 운명에 대해 확대된 성찰을 하게 했다고 할 수 있다.

3.

시인은 자연의 순리를 존중한다. 자연의 질서에 따라야만 자신의 한 생을 온전하게 수행할 수 있다고 자신의 시를 통해 은연 중 표방한다. 시적 대상들에게 보내는 온정적 기운은 시인의 시를 통해 더욱 확산된다고 할 수 있다.

오늘도!
시계 바퀴는
돌아가고 있다
결코
순간의 멈춤도
내어 줄 수 없다는 듯이

소용돌이로 몰고 온 파문은
가슴 한 자리에 추로 박히고
빼지도 못하고
뺄 수도 없는
영겁의 시간으로 축내고 있을 뿐

그래도! 돌아가야지
찰나의 어긋난 출발도
돌다 보면
복사된 시간의 채널 속에서
제자리를 찾아가리라

―「시간의 채널」

화자는 시간을 잠시도 멈출 수 없이 돌아가고 있는 영속성의 인자(因子)로 본다. 시간이 정지되어 있다는 것은 상상 밖의 세계다. 지금 화자가 인식하기에 시간이 멈출 정도의 충격적인 일에 고통을 받고 있는 국면이다. 화자의 내면적 흐름으로 보면 화자가 안고 있는 고통은 어지간히 화자를 옥죄고 있는 듯하다.

화자가 당면한 문제는 화자에게 "소용돌이로 몰고 온 파문"이 되어 화자의 "가슴 한 자리에 추로 박"혀 화자를 꼼짝 못하게 하고 있다. 그야말로 "빼지도 못하고/ 뺄 수도 없는" 형국이라고 할 수 있다.

화자는 이 난감한 상황에서 처음 시작했던 자리를 떠올린다. 그 자리는 이렇게 화자를 난처하게 만들며 어긋났던 자리가 아니다. 그래서 화자는 더욱 처음의 자리로 자신을 되돌려보려 한다. 비록 "찰나의 어긋난 출발"이고 그래서 이렇게 자신을 고통 속에 빠트리고 있지만, "돌다 보면" 시간이 지닌 속성이 그렇듯이 "복사된 시간의 채널 속에서" 다시 처음에 있었던 "제 자리를 찾아" 갈 수 있음을 확신해보는 것이다.

시인은 아무리 어려운 상황에 처해 있어도 언젠가는 다시 좋게 되는 정황에 대해 신뢰를 보낸다. 우리들 인간에게 운명은 일방적이 아니다. 어려움이 있으면 반드시 희망과 함께 순탄함이 찾아온다. 자연의 흐름이 그러한 사실을 오랫동안 입증해 왔다. 화자는 그렇기 때문에 자신의 회복가능성에 대해 더욱 믿음을 보내보는 것이다.

떠나려 해도
쉽게 보낼 수 없는
단짝 같은 친구이건만
끝내 이별을 고하고
뒤돌아서서
아쉬운 눈시울 적시는 그림자

품어도
꼭 껴안아도
어느새 빠져 나와
늘 나의 의지보다
앞장서서 달리기만 하는
고삐 풀린 말

소중히
하루하루와 입맞춤하며
조용히 내 곁에 두고

조금씩
서서히
풀었다 낚았다 하고 싶은
침묵의 동반자

—「세월」

화자는 자신의 한 생과 오랜 기간 함께해 온 시간에 대해 그 시간을 압축하여 '세월' 이라고 명명한다. 화자가 표현한 그대로 '세월' 은 화자와 공존하는 "쉽게 보낼 수 없는/ 단짝 같은 친구이"지만 언젠가는 또한 자신과 분리되어 떠나보내야 하는 "아쉬운 눈시울 적시는 그림자"가 되기도 한다.

화자에게 '세월' 은 또한 화자 자신의 의지로 통제할 수 없는 대상이다. 자신의 "의지보다/ 앞장서서 달리기만 하는/ 고삐 풀린 말"처럼 화자의 의식보다 더 빨리 내달리기도 한다.

그러한 '세월' 과 화자는 끝내 화해한다. 자신의 의지가 통용되지 않는 대상인 '세월' 은 자신의 생명과 함께하는 소중한 존재임을 깨달으며 "하루하루 입맞춤하며" 살기로 작정한다. 화자에게 자신의 곁에 있어야 하는 '세월' 은 화자가 끌어안아야 하는 "풀었다 낚았다 하고 싶은/ 침묵의 동반자"인 것이다.

시인에게 '세월'은 말없이 자신을 지켜보는 동반자로 시인과 생명을 나누는 시간 그 자체이며 그 시간의 대변자를 자처하는 확대해석이 가능한 존재인 것이다. 그 때문에 이 시 「세월」은 시인 자신이 처한 입장을 적극적으로 지지하고 옹호하는 시가 되기도 한다.

4.

시인은 지금 겸허하게 살아온 한 생을 반추하며 자신의 생을 온전하게 이번 시집에 응축시키기 위해 각고의 노력을 했다. 나름 부족하다고 자신을 낮추려하는 겸허함을 보이면서도 서정의 순수미학을 자신만의 필법으로 되살리려고 노력한 자국이 선명한 것이다.

시인은 이번 시집의 시편을 통해 세상에 존재하는 타자들과 공존하고 있다는 깨달음을 거쳐 자신만의 자아정체감을 확보하기 위해 고심했다고 할 수 있다. 어쩌면 시인은 겉으로 평온을 유지하고 있지만 평탄하지 않은 삶을 살아냈는지도 모른다. 그런 의미에서 시인이 자신의 시에서 표현하듯 "목적지를 향한 환승의 긴 터널을" (「지하철 속에서」) 이제 막 통과했다고 보아진다.

앞으로 시인은 자신의 시심을 적극적으로 고양하리라 믿어 본다. 그런 의미에서 이번 시집은 그 자신에게 새로운 시를 쓰는 하나의 확실한 전기가 될 수 있다. 그는 시적 대상에 대해 적극적으로 관조하고 사유하며 온유함으로 대상을 포용할 것임에 틀림없기 때문이다.

이번 시집의 시편을 통해 강 시인의 '지금 여기', 심원한 시심을 위한 성찰의 자세를 엿볼 수 있었음은 평자로서도 하나의 기쁨이다. 그는 좋은 시를 쓸 수 있는 기질과 능력이 보여지기 때문이다. 계속 자신을 채찍질하고 담금질하여 내장된 시적 자질을 높이 세워 자신의 시적 능력을 제고해야 할 것이다.

향후 강영덕 시인이 보여 줄 시세계는 더욱 다양해지고 원융하게 전개될 것이다. 그는 좋은 시가 나아갈 방향과 그 깊이를 누구보다 잘 알고 있는 시인이기 때문이다. 그의 끊임없는 노력과 함께 그의 시적 성취가 밝은 에너지를 갖고 균형감각을 찾아 확산되고 원만해지기를 기대해 본다.

강영덕 시집
시간의 채널

초판 인쇄 2017 년 10 월 1 일
초판 발행 2017 년 10 월 15 일

지은이 | 강영덕
옮긴이 | 원응순
펴낸이 | 김효열
편 집 | 이미정
마케팅 | 김효숙 · 김영미 · 박미옥

펴낸곳 | **을지출판공사**

등록번호 | 1985 년 2 월 14 일 제 2-741 호
주 소 | 서울시 마포구 성암로9안길 25
(편집실) 서울시 마포구 양화진길41, 603호
우편번호 | 04083
대표전화 | 02) 334-4050
팩시밀리 | 02) 334-4010
전자우편 | ejp4050@hanmail.net

값 13,000원

ISBN 978-89-7566-170-9 03810